AF218330

# LENGUARAZ

## Carlos Bruna Hernández

**Lenguaraz**

Primera Edición 2024
© *Carlos Bruna Hernández 2024*

© *Editorial Poesía eres tú.*
*https:// poesiaerestu.com*
*C/Dr. Fleming Nº50, 4ºD*
*28036 Madrid*
*Teléfono: 34 91 345 38 17*
*Fax: 34 91 350 80 54*

*ISBN: 978-84-18893-84-1*
*Depósito Legal: M-24657-2024*

# LENGUARAZ

## CARLOS BRUNA HERNÁNDEZ

## SONETO AL LECTOR

Quisiera regalarte este soneto
por darle propósito a mi vida,
que es cosa pequeña y no olvida
que si persiste es por tu aliento.

No sé escribir versos a contento,
ni espero, Apolo, gran recibida;
lo que me da, sustenta y convida
es ser, en tu ser, grato ensanchamiento.

Por lo que otros me han ofrecido,
pienso, siempre en deuda he de estar,
siempre honrado por lo recibido.

He aquí mis poemas y mi aportar,
espero, sirva a tu cometido,
de con donaire a los demás prestar.

# ATAQUE DE RISA

Ocurre de vez en cuando
de manera espontánea e inexplicable,
ni siquiera algo notorio es preciso,
un despiste de lo cotidiano es suficiente.
Se habla de lágrimas benignas,
de dolores necesarios;
pero en este instante,
tras este ataque de risa,
se me antojan estos
más dignos y elevados.
Una reflexión, creo,
perdurará en mi caso:
si escoger mi muerte pudiera
sería la que algunos dicen
de Zeuxis de Heraclea
o del estoico de Solos

**PSICOMAQUIA**

Abunda la dualidad    en asuntos humanos.
Ebriedad y sobriedad;    una pieza, dos lados.
Oro de la realidad,    acuñado en los cosmos.
Nos da la libertad,    nos convierte en esclavos.

## PAPELES EN LOS BOLSILLOS

A menudo rebusco en mis bolsillos
y encuentro papeles con ideas, versos,
cuando sólo busco
las herramientas de lo cotidiano.
A veces simples anotaciones,
a veces torrentes de un efluvio.
A menudo me descubro
en el umbral de mi puerta
leyendo un papel arrugado.
A veces polen que trae el viento,
hijos de Saturno a menudo.

# LAS PARTÍCULAS QUE FLOTAN EN LA LUZ

Me gustan las partículas
que flotan en la luz.
Cómo en el espectro de un rayo
ellas revolotean y bailan.
Me gustan las partículas
que flotan en la luz.
Cómo se juntan
y cómo se separan.
Es curioso.
Me encantan las partículas
que flotan en la luz.

# YÁGANAT

Tal como es la realidad,
que es la vida misma,
avanza el carro de Yáganat
en la procesión de la India.
Una fuerza imparable
que una vez puesta en marcha
no negocia con nadie
ni claudica ante nada.
Había quien en su delirio de ardores
se arrojaba ante sus ruedas,
buscando la redención en Krishna
que no se había procurado
con el honor de sus acciones;
otros lloran desconsolados
presa de sus arrebatos,
y los que son los más
celebran, sonríen y miran.
Siempre hay locos,
siempre plañideras,
siempre sensatez y alegría
ante la procesión de la vida.

## QUÉ BIEN SIENTA

Qué bien sienta el precepto hobbit
de disfrutar las cosas pequeñas.
Gran gente mediana
destinada a la gran tarea
de recordarnos lo que realmente importa.
Diestra y necesaria es la espada,
conveniente la sabiduría hecha magia,
solían rezar gestas y sagas.
Mas es Tolkien quien nos recuerda
que sin hermanada compañía,
sin un buen trago de cerveza,
sin ojos apetitosos fijos en la mesa
y sin la relajante pipa,
se diluye el hogar
y lo demás pierde importancia.
"Qué bien sienta el precepto hobbit"
pienso antes de dar buena cuenta
de mi cena.

# HORROR VACUI

Siempre he renegado
de la prosa barroca y abigarrada,
del verso que es todo adjetivo,
de toda esa suerte de torrentes extáticos.
Ya lo dijo maese Escohotado:
no hay un contrario de sustantivo,
los hay que viven de su contrario;
otros, como el verbo,
son inicio de predicado
hasta en libros sagrados.

# POCO A POCO

Poco a poco voy trabando amistad
con lo bueno y conveniente,
explorando sus vericuetos,
confesando errores y penalidades.
La Asamblea señala con el dedo,
condena lo que es condenable,
airea lo que está viciado,
y después de mis profusas lamentaciones
delibera por un momento y dispone:
"nadie aquí está libre de errores,
nadie aquí nació enseñado
en el ejercicio de las virtudes,
es la condición que habitamos.
Mas hay una cuestión
que para este tribunal
no es exonerable,
y es que para remediarlo
no emplee usted su coraje".
Al rato encuentro a Cicerón
paseando por los prados de mi cabeza,
me mira, se acerca y aconseja:
"no desesperes, joven,
muchos pleitos aún te quedan.
Seguro, volverás ante el tribunal por tus errores.
Mira allí, a Ulises y Cavafis,
como ahora conversan y rememoran,
lo que es, también, tu viaje".

# LOOR A LOS BARES

*Al oficio*

Qué grato es un vino
o una cerveza
en aquellos bares
que ya se han frecuentado.
Aquí las mismas risas
y los mismos abrazos,
allá el que llega
siempre a su hora
con geniales conversaciones;
acullá el templo de Anubis,
con sus sin pares sacerdotes
y sus elaborados decorados.
Mamando de la teta
de los bares
se ve muy claro:
comida y bebida
son excusa y pretexto
de algo más humano.

**DESTITULADO**

Ahora que me hallo poeta, pienso:
¿qué palabras ha de albergar un verso?,
¿cómo puedo canalizar esto que,
inefable, siento?
Las muchas de estas veces
no acaban en palabra,
mucho menos en verso;
cuántas ocasiones queda la pulsión saboteada,
en cuántos momentos es mejor la pureza
de una mirada en lontananza.
Mis mejores noches acostumbran ser
un papel arrugado,
la ceniza heredada de Prometeo.
"¿Qué importa ser poeta o ser basura?"
Grito, desde mi balcón, en poeta carcajada.

**TELECOLISEO**

Telecoliseo nada más presionar un botón.
Visceral, encarnizado, pestilente,
hábitat de exóticas fieras
que rugen e increpan a su oponente.
Vítores y algarabía por doquier resuenan,
alguien grita por encima de los demás
para hacer notar su presencia.
Hoy Verdad y Mentira combaten en la arena.
No se entiende tal expectación,
si es por todos sabido
que Emperador y Senado
ya han dictado sentencia.
Una pausa súbita y conveniente.
Largos instantes de receso.
Ruedan carros y bandejas
colmados de presentes.

# EL CONSEJO DE HEMINGWAY

—¿Qué recomendarías, Ernst,
a quien comience a escribir,
a los escritores nóveles?
—Que compren una papelera.
Una papelera bien grande.

# EN EL CAMPO DE BATALLA

Desde la Guerra Civil
ya no preciso de hoplón
ni de lanza espartana,
hace ya tiempo
que no formo en falange
ni ensucio mi espada.
He decidido
que es más provechoso
prescindir de panoplia
y servirme de mi pecho
como única arma.
Aquí espero
con el cuerpo desnudo
a quien se presente
en el campo de batalla,
que estoy mejor pertrechado
que a quien le pesa el alma.

## LOS PAJARILLOS

Se posa un pajarillo
sobre la baranda de mi balcón.
Nos miramos como se miran
dos grandes amigos,
emprende su grácil vuelo
y se marcha.
Acabo mi cigarrillo
pensando su ausencia,
¿por qué se habrá marchado,
por qué, aquel pajarillo,
de mi balcón, de su baranda?
Vuelvo a mis labores,
un piar me saca de la página.
¡Anda! Ahora hay dos pajarillos,
en mi balcón, en su baranda.

# POESÍA CONTEMPORÁNEA

Casi no leo poesía contemporánea.
Me aburre, me hastía, me es insípida.
Es todo un torrente inconcluso,
un río que acaba encenagado
antes de lograr la mar,
antes del sentimiento oceánico.
Una metralleta de adjetivaciones
que carece de algo sustantivo
y rara vez da en el blanco.
Si la vida es como esto o lo otro,
si el amor es como esto o lo otro,
si lo humano es como una olla,
como he llegado a leer estupefacto;
la vida, el amor y lo humano
acaban por ser poca cosa.

**SOLEDAD**

Hace ya tiempo
que no me encuentro
en el prójimo.
Me empleo en la indulgencia,
me consuelo pensando
que todos erramos,
que todo es cuestión
de preferencias;
ahora tengo la impresión
de que benévolo,
como a los niños,
me estoy engañando.
Leer la prensa se ha convertido
en un titánico acto de paciencia.
La política es el oficio
más sucio y rastrero
jamás imaginado.
Las gentes de a pie,
ombliguistas y cuñadescas,
critican y anhelan
los mismos palcos.
Hasta la admiración
se me antoja
como una sucesión de inocencias.
Las risas tontas y las gracias,
los cuentos alocados
y las charlas de taberna
sólo valen para un rato.

Quizás sea un necio,
quizás mis razones tenga
cada vez que me estomago;
quizás, quién sabe,
mañana pase todo.
Lo único que sé cierto
es que, con mayor o menor hastío,
con menor o mayor resiliencia,
dentro de esta piel
me siento solo.

## LA UBRE DEL YOÍSMO

Voy buscando con avidez
la gratitud de lo positivo
entre la tupida maleza
que últimamente se me antoja
la compañía de mis convecinos.
A cada día
más quejas, más petulancia,
más gestos torcidos;
más mala leche, en definitiva,
de la ubre del yoísmo.
Deben de estar de enhorabuena
los afiliados al clan jacobino.
Mucho sospecho
que no veríamos la luz del sol
si se aplicara de facto
el popular dicho.

# CIRO II, EL GRANDE

Escuchad, buenas gentes de Babilonia,
escuchad lo que he de deciros
desde el templo del gran Marduk.
El vástago de Ea, de Enki Nudimmud,
hasta aquí me ha traído
para liberaros del yugo
del infame Nabonido,
que ni ofrendas
ni edificios hace
y encallece las manos vuestras
y de vuestros hijos.
Yo, Ciro, rey de Sumer y de Acad,
soberano de los Cuatro Cuartos,
hijo y nieto del rey de Anshan,
y ahora de la gran Babilonia,
digo y haré cumplir
en el tiempo que viva
que aunque en Opis hube de batallar,
aunque el Éufrates tuve que dominar,
aun oyendo borrachos y algarabía,
así os he de gobernar:
quien añore su tierra,
que vuelva al hogar,
que la cadena no envilezca
al que es justo e inocente;
que las murallas,
pulcras y reparadas,
de nuevo se alcen en la ciudad.

# ÉXTASIS

Es complicado
transcribir estos momentos.
Un rostro surcado por lágrimas,
la alegría en el movimiento,
un gozo que se antoja universal
y que se siente muy hondo y dentro,
muy prójimo y fuera también,
quizás esto sea digna imagen
de lo que referir pretendo.
Como sentir destilado de Humanidad
en su forma más pura
corriendo por las venas.
Con todas sus virtudes
y todos sus defectos.
Saber que siempre ha estado ahí
y que a épocas lo he olvidado…
La tinta no basta, como siempre.
Me siento impotente.
También agradecido.

# A TOMAR POR CULO

Qué necesario y edificante
es mandar a tomar por culo
a quien lo merece.
Ante un conflicto u agravio
que solución no amerite,
no traicionarse a uno mismo
es la decisión más prudente.
No seamos necios;
el conflicto no sólo es inevitable,
sino también necesario.
Para obtener buen fruto
siempre es menester guardarse
de plagas y malas hierbas
que malogran el paisaje.

## LA GRACIA DE SÍSIFO

Valora la piedra.
Carga la piedra.
Que ruede una y mil veces,
que caiga mil y una,
pero jamás repudies a la piedra.
Es tuya, enteramente,
como castigo te ha sido impuesta
por ofender a los dioses,
pues como Camus decía
prefieres "la bendición del agua
a la de los rayos celestes".
Valora bien su sombra
cuando el abrasador sol se presente,
las gotas que ofrece cuando llueve.
Sé un Sísifo feliz
por mucho que a veces duela,
por mucho que a veces pese.
Antes que un muerto en vida,
sé un Sísifo sonriente.

# AHORA QUE LO PIENSO

Ya se extrañó Chesterton
de que los poetas
hagan tan pocos versos
al queso.
Sí que es cierto,
ahora que lo pienso.
Muy poco se ha dicho
de cualquier alimento,
fermentado o no,
que sin ser tóxico,
únicamente por su olor
o genial sabor
se haga un hueco.

## "ME HE EQUIVOCADO"

Cuántos lamentos,
cuántos llantos,
cuántos disgustos,
nos habríamos ahorrado
por haber confesado:
"me he equivocado".

# DAVID, EL GIGANTE

Al Gigante,
así lo llamaban,
nadie lo quería,
que estaba dañado
y que era defectuoso
en sus formas decían.
Dándolo por imposible
quedó abandonado y olvidado
este desafortunado hijo de Carrara,
pues ningún artista de bien
para sí lo pretendía.
Llegó la historia a oídos
de un extravagante personaje,
que, aunque de buena fama
en su oficio gozaba,
pocos toleraban su compañía.
"Tú serás hijo mío
y te llamarás David"
dijo tras examinarlo
y tomar sus medidas.
Tras tres años de duro esfuerzo
y de bajo cualquier cielo
trabajar cada día
pudo presentar a Florencia
tan conocida maravilla.
De un gigante nació David
para aún hoy sobrecogernos
y recordarnos con su ejemplo
que la adversidad y la belleza
son grandes amigas.

# ANSIEDAD

Es la descarga eléctrica
que tensiona y agarrota
todos los músculos.
Es la indecisión perpetua
razonada en la lógica
de los por si acasos.
Es la idea sin forma,
la semilla que no germina,
un asedio sin descanso.
Es gran desdicha
la de pretender sosiego
y nunca encontrarlo.
Sólo un sendero se tercia
buenamente a cada paso,
aquel del medio
del que ya hablaron los sabios.

## LA ESCALERA HORIZONTAL

Peldaño a peldaño
y paso a paso.
La cuestión es tenerlo presente.
"Camina o revienta"
me resuena a veces
en la sesera.
Siempre a mejor,
siempre un poquito más alto;
más nunca por encima,
caería por la escalera
si perdiese el norte.
De nada sirve llegar fatuo.
Si olvidas lo más simple,
el calor humano,
la risa boba
o el vidrio entrechocando;
si olvidas lo importante
de nada vale,
habrás fracasado.

# ERÓSTRATO

El templo de Artemisa,
una de las antiguas maravillas decía,
en la noche ante ti se erguía
en tu natal Éfeso,
helena perla de la persa Lidia.
"La eterna fama ansiando
y por siempre en la Historia permanecer
al fuego de mi sucia locura lo he entregado".
Algo así debiste confesar a los de Artajerjes
cuando a su manera te preguntaron.
Él te condenó al olvido
que por obvias razones no se ha logrado;
por mi parte, te dedico estos versos
para significar tu legado.
Legado que aún sigue vivo,
en su actual y pintoresca variante,
en quien arroja sopa de tomate
y se pega a los cuadros.
Quiso el vaquero Eróstrato
quedar siempre en las páginas,
he aquí, otra vez, cumplido tu deseo.

## LAS DUCHAS DE VERANO

En invierno, agua caliente.
En verano, agua fría.
Nunca me deja de sorprender
lo mucho que gozo
de las cosas más sencillas.
Con sonrisa de perro,
casi con la lengua fuera,
desde el primer contacto
hasta la fresca salida.
Tenían razón los antiguos
con eso que decían:
el agua, además de limpiar el cuerpo,
deja también el alma limpia.

## LA VERDADERA VERDAD

La verdadera verdad
no se hace de páginas,
ni de libros,
ni de finos filosofemas.
Siempre es la gente
que es, te hace y te rodea.
Eternas gratitudes
por enseñarme a mirar,
a ser y a prosperar.

# ÍNDICE